AF349246

Más rojo bajo el sol

Primera edición: abril, 2015

© Elsa Cross, 2015

© Vaso Roto Ediciones, 2015
España
C/ Alcalá 85, 7º izda.
28009 Madrid
México
Apartado Postal 443, Col. Del Valle
San Pedro Garza García, N. L., 66220

vasoroto@vasoroto.com
www.vasoroto.com

Dibujo de cubierta: Víctor Ramírez

Impreso en España
Imprenta: Kadmos
ISBN: 978-84-16193-21-9
Depósito Legal: M-24691-2014
BIC: DCF

Elsa Cross

Más rojo bajo el sol

Poemas sobre el vino

Vaso Roto / Ediciones

Presentación

Casi por curiosidad, después de haber hecho una antología temática sobre el amor (*De lejos viene, de lejos va llegando*, 1999) y otra sobre el mar (*Puerto Bagdad*, 2003), quise reunir los poemas que he escrito sobre el vino y la embriaguez. No me esperaba el centenar de páginas que he compilado aquí, dado que sólo bebo algunas copas de vino cuando el menú lo amerita; de modo que descubrí que este ha sido uno de mis temas más constantes.

Nietzsche hablaba de la embriaguez y del sueño como de las expresiones de dos impulsos básicos de la naturaleza, que él personificaba, respectivamente, en las figuras de los dioses Dioniso y Apolo; veía el estado último de embriaguez como el sentimiento de unión con el todo, con el Uno primordial –tal como lo expresa–, en tanto que el sueño aparecía como vehículo de la visión.

Siguiendo acaso estas huellas, la embriaguez de este libro, que en absoluto descarta como posibles detonadores a vinos, licores y algunas hierbas, no se detiene allí, pues va también en busca de los estados internos de la embriaguez suscitada por la contemplación de la naturaleza y la meditación en el propio ser interior, que es donde se refleja con más intensidad la energía divina que subyace a todo lo que existe, según mi percepción.

Los poemas compilados aquí pertenecen a libros que se publicaron a lo largo de tres décadas, de modo que reflejan diversos estilos y objetos de interés poético. Los dispuse en un orden más o menos cronológico.

Agradezco la hospitalidad de Vaso Roto y de Conaculta para estas páginas y me honra participar en su rico catálogo.

ELSA CROSS

MÁS ROJO BAJO EL SOL

Ditirambo

Mosto en los labios.
Rizan oscuras orlas en la frente
los pámpanos.
Salto de lince los ojos,
fulguración,
horizonte de límites cambiantes.

Bistró

Humildes honores rinden,
                     siervos del dios.
La risa ebria trastoca el oído,
la hora se incendia de racimos,
                     febriles equinoccios.

Leve arpegio desmaya en el teclado.
Bebedores de ajenjo
trituran una frase a media voz,
                     —así amantes esquivos.

Alto en el friso reaparece.
Cortejo fugaz
                     su paso reverencia.

Amanecer de Rodas

Las colinas distantes tocadas por el sol.
El gusto del vino todavía.
La música que se apaga en los últimos bares.
El muelle cenagoso.
Los pájaros que se acercan a la playa.
El ruido del mar.
El vaho en los cristales.
Los pregones incomprensibles.
El sol sobre los techos.
El humo.
Las sirenas.
El viento afuera.
Las caras en el espejo de la barra.
Las gaviotas hambrientas.
Las bocinas que acallan el ruido del mar.
El humo del cigarro.
La embarcación que zarpa.
El sol.
El mar.
Los pájaros.
El viento.
Rodas, Rodas, dando nombre a un instante.

Ghiaie

En lo alto del verano
trazamos las vías antiguas.
Ghiaie por dondequiera,
guijarros de colores
en el Jardín de los Caballeros de la Cruz de Malta,
en el Jardín de las Musas.

El vino abre tajos en la memoria.
Así tu cuerpo,
¿no era el mismo que reflejaban las piscinas de Adriano?
¿o el escorzo de la deidad marina
cerrándome el paso en una calle?

Desde el Palatino trazamos las vías antiguas.
Pero nada tocaba el corazón.
Poco nos fueron
los peristilos de luz bajo el crepúsculo romano,
poco nos fueron los cipreses.

Nos dormíamos en sus historias,
y mientras venían a degollarnos
estaba el día con su espalda de ceniza.
El hastío carcomiendo los libros
y las buenas maneras en la mesa.

Irrupción
(Sobre una lectura de Nietzsche)

Te apacientas de viento.
Gustas vinos a punto de corromperse
cuando te has hastiado de las mixturas suaves.
No hay polvo enamorado.
El polvo es polvo,
y al argumento vacuo de la fugacidad,
y al argumento soso de las rosas de la vida,
y al argumento discutible del amor,
opones el gusto simple de los cuerpos,
excedes el color local de las estatuas.
Pero ya también carecen de interés.
Y cuando te descubres bostezando
vuelves la atención hacia las nobles cosas,
te apacientas de viento,
te nutres de grandes músicas y grandes poesías.
y vuelves a interrogarte
frente a los «Bebedores del ajenjo»
cuando descubres tu hastío
por el ajenjo, los bebedores, la pintura
y las nobles cosas.
Los ejércitos del Reich marchan
con odas a la alegría como telón de fondo,
Tannhäuser aberrante babea a las puertas de Roma,
y todo puede impregnarse
de esa viscosidad tumefacta de las nobles cosas.
Te apacientas de viento.
Te nutres de grandes filosofías y de grandes retóricas.
Oh ingeniosos,
proposiciones no tan relevantes
como pasar una tarde en el Prater comiendo palomitas.

O una retórica confesional que va muy lejos
sólo para decir:
Krieg! Krieg! Krieg! Krieg!

Off Stage

para Ludwik Margules

Hundimiento invisible,
hundimiento embriagado y silencioso

> *Of his bones are coral made*
> *Those are pearls that were his eyes*

Conversaciones de taberna
al final de la representación
      —los actores hablando ya sólo para sí.
La Sirena llamando incautos desde el piélago.

      «Tuve el esplendor del mundo entre las manos
            y las danzas de la muerte.»

El alcohol vuelve fuego las entrañas.
Gestos procaces
por un baile sostenido hasta la madrugada,
          oh morcilleros,
fuera del escenario
las mismas calzas raídas.

Aprenderemos
después de jugarlo todo y de perder.

      «Esqueleto cabalgando sobre vastas planicies
          con el pendón desgarrado por el viento.»

Fuera del Escenario
son lo mismo el verdugo y la víctima,

el mismo átomo que gira,
la misma fracción del universo.

Y la Sirena a la orilla del piélago
llamando,
pez de rapiña,
salteadora de ensueños.

Paisaje de fuego

II

La puerta golpea.
     Al azar
el viento precede los pasos.
Aromas de sal
       y el caracol
junto a la puerta abierta que golpea.
Salitre creciendo en los muros de cal blanca
         —fuga de insectos.
La tempestad fraguándose.
           Silenciosos relámpagos.
Mariposa inmóvil en la hoja,
fragor de ríos subterráneos
       acallando todo otro rumor.
La puerta golpea.
Los pasos se desligan de sus huellas.
Ante su umbral
doblega la memoria sus desiertos,
       su fuego nómada.

La noche va cayendo,
      noche violada.
    La escaldan luces.
Impura noche luce sus mantos harapientos;
     sus astros guarda.
Se desperezan felinos,
      saltan
   a la espesura negra.

La puerta golpea
              y tierra adentro
      el inasible desplazamiento de los astros.
Fiesta de insectos
          y el contagio carnívoro
                      brilla sobre los cuerpos
      en el rictus de una danza atroz.
La escama tornasol del ojo inmóvil
          al sesgo airoso y fijo
                      sobre los cuerpos dúctiles.
Quieta cantárida en el cáñamo
                      élitros sedosos,
baba de caracol,
crepúsculo lunar sobre cortezas.

Ojos como grana,
              frutos de vid,
espejos del dios entre nosotros
sus criaturas nutriendo,
sus dones abundando a aquél que no pregunta,
          oh dador imparcial.
Lenta pantera se desliza
                  el racimo en sus fauces.
Blanco manso inclina la cerviz.

    El dios dicta su imperio.
En las faldas del monte
                  roja la noche
estalla,
ciñe sus flancos la neblina.

El rayo se muestra,
el júbilo empuja sus turbas
              en línea a los desfiladeros.

Lugar de piedras rotas,
dará piel a la voz,
              nube a los rostros,
pues tantas armas fueron allí vencidas.

V

Del vuelo nupcial
             a la prisión por siempre
su sueño omníparo
un fragmento apenas
                  frase suelta
pronunciaba al azar.

Guardan sus altas nombradías
y en cofre de oro
           –patriarcas sapientísimos–
                        los grandes libros;
deletrean los ábacos del sol,
suman los silabarios de la noche
             y han de hallarla de pie
desnuda
anima-mundi
                  escoria de la tierra.

Interroga al vacío
           huye el suelo de sus pies
y ante sí los abismos abiertos.

¿No allí la luz radiante parecía?
¿No siguiendo su cauda
                  dejó tras sí los valles
donde el viento
su casto rebaño apacentaba?

Oye la voz de lo divino
en la boca del antro.

No rehúsa imposible bebida
mi mano de turba que descorre
                    el mismo paño andrajoso.

Oh Delfos,
tripié de vapores inmundos.
Y los brebajes nunca demasiados
para cerrar los ojos que cerrados ven.
Cuencas incoloras
hacia adentro vuelven
            esperpento
                    en blanca oveja
            estridencia marchita
                    en voz de agua.
Un poco más a la deriva
y en derrumbe caerán sobre su espalda
destinos no queridos
que llevan de puerta en puerta su ceguera
                    sus hocicos de perro.

Tanto
por ese polvo crecido sin grandeza.

Ante sí los abismos abiertos.
Y ella demora en los vinos más agrios,
respira los aires más cerrados.
Rompe todo vínculo,
                y sin querer,
envía destrucción con sus hechizos,
castra con el filo de la lengua,
finge, roba, adultera,
comete incesto,
danza sobre huesos.

Pasaje de fuego.
A su vista no borran límites
                    de luz y oscuridad
los giros simples de la mente.
Ebria,
conduce su carro de dragones,
su danza al fondo del abismo.
Bebe las pócimas heladas
—y la siguen turbas invisibles
                    poniendo en su boca las palabras.

Bacantes

II

Rodeados de los cerros como murallas
los hombres jugaban en las terrazas.
Ruido de carreras sobre el pasto.
Un azul morado en el aire cuando el sol se metía.
Los pájaros iban callando.
Los murciélagos alzaban su vuelo errático.
Los hombres corrían tras los tantos del juego,
sus gritos reverberaban entre los cerros.
Ovación.
Te levantaban en hombros,
te llevaban cuesta abajo a celebrar.
A cada salida de ese pueblo, un templo.
Las siete puertas resguardadas por los arcángeles, decían.
Y el nuestro en suerte se embriagaba en los portales,
hablando del cielo y del infierno
como de sitios separados por dos pulgadas
dentro del cuerpo.

Nada de tus prestigios santos.
Las mujeres te esperaban como un advenimiento,
y llegaste con marihuana en los bolsillos,
el cabello en desorden,
quién sabe de cuáles correrías salido apenas.
Y tenías algunos enigmas que responder
como a la Reina de Saba.
Te reías de verlas tan piadosas,
tus hermanas de leche,
y como Shiva en el Bosque de Pinos,
desplegando un gran falo
las sedujiste en las barbas de sus maridos,
los ascetas.
Y ellas te siguieron.
Ninguna maldición te alcanzaba,
oh Fumador-de-Hierbas-Intoxicantes.
Arriba, señales de espejos en las ramas.
La tierra quieta, esperando,
como en día de mucha fiesta.
Y allá bajaban los Concheros
con sus flautas y sus tambores tristes,
sus cascabeles de semillas secas.
Danza de espejos bajo el sol.
En el barrio de la Cruz tronaban cohetes.
De los postes habían colgado banderas de colores.
La gente ebria por las calles
iba en procesiones tambaleantes,
a punto de caer en las piedras disparejas.
A la noche luces de bengala,
tus espejos de humo.

Los cohetes retumbando como disparos.
Gente amante del fuego.
En tantos lados hallamos
cartuchos de bala enmohecidos,
quemadura de pólvora en los muros.
Los niños soplaban contra los rehiletes,
soplaban contra las flores
volando sus pétalos al viento.
Mujeres te seguían.

IV

A orillas del barranco esperábamos la noche.
Por ese valle que estaba a nuestros pies,
¿no se paseó la vista de los Conquistadores?
Las luces comenzaban a encenderse
y nuestras mentes se apagaban,
pues la vigilia abría su vientre de araña,
sus diosas blancas.
Nos saciamos de vinos y de olores.
Y cada noche una prueba de fuego,
como los Bardos en las cimas desiertas
a pulso deteniendo conminaciones atroces
y divinas.
Y dudar si saldríamos con vida de ese túnel,
de esa noche vuelta hacia la nada.
Vinos dulcísimos
dejábamos caer por la garganta.
Nos saciamos de mieles.
Y en lo alto de la noche
la gracia inaudita de tu cuerpo.
El mundo se cerraba sobre nuestras cabezas,
se perdía tras de la lluvia.
Olvidábamos cuidar de los hijos,
como Bacantes,
olvidábamos las casas.
Fiesta era la lluvia sobre el monte.
¿Y quién podía predecir si no sería fulminado?
Transgresión abierta.
Tanto espanto,
tanta belleza creando en torno un vacío
nos succionaba como ojo de tempestad.
Y te dabas a mi deleite.

Te seguimos en el descenso hacia tus antros.
Y en el fondo sólo había
patas de insectos rozándonos la espalda,
alas de mariposa.
Y la diosa fecunda
ahogándonos contra su vientre húmedo.
Caían relámpagos,
rodaban los truenos por el cielo
de la cresta de los cerros al paraje de nadie.
Caminábamos casi sobre el aire,
como ir por terrenos minados.
Y una explosión nos trajo tanta gloria.

Éramos heridas abiertas.
La sensación se trastornaba.
Tu voz inventaba registros en mi oído.
Tus almizcles me embriagaban más que el vino
Nos hería el placer.
Inagotables,
ebrios,
nuestros cuerpos, la ofrenda,
como frutas que dejan las mujeres
en las playas del sur y el mar se lleva.
Nos perdíamos del mundo.
Dibujábamos barcas en el aire
y nos íbamos en ellas.
Toda la noche caían para nosotros
dones del cielo,
la lluvia sobre los árboles,
y esas gotas brotando del pecho,
ah, nuestro soma—
¿dónde terminaban los cuerpos?
¿cuál cuerpo era de quién?
Yo sentía desde tu hombro mi caricia.
Tus pensamientos pasaban por mi mente,
y donde los deseos se juntaban
salían del aire aves de fuego.
Yo fluía dentro de ti.
¿Y tú quién eras?
Sólo un banco de abejas,
agua brillando como joyas.
Olas de sensaciones nos turbaban,
nos devolvían a la orilla.

Tanta vista del mar dejar atrás,
tantos bosques,
tanto de tu cuerpo.
Tender un velo en llamas sobre las formas—
que perdíamos al mirarnos un instante de más,
al debatirse tu muslo,
intempestivo.
Así morían los peces en las redes.

Alacranes nos salían al paso,
blancos, brillando sobre los pisos gastados.
Caminábamos en silencio
entre las balaustradas rotas,
nuestros pasos resonando en la bóveda.
Tanto polvo en los caminos para volver aquí.
Algo nos hería.
Las palabras se regresaban a la boca.
¿Tendríamos ahora ese gusto por el silencio?
Un largo ofrecimiento,
una propiciación involuntaria
¿nos daban frutos?
En el claustro
telarañas a contraluz como diagramas místicos,
árboles de flores rojas, llamaradas.
Guardamos sus semillas
y pasionarias que dejamos secarse en la ventana
con sus coronas de pistilos morados
como espinas.
El vino traía todo amor por su Nombre.
Algo nos abría en el pecho un punto vulnerable,
un deleite extraño a nuestros modos.
Y ebrio, al amanecer,
cantando en el jardín una cantiga,
hallaste tu pelo cubierto de rocío.

x

Trepadoras con sus flores azules
en la impunidad de ese día
sin una sola nube sobre agosto.
Muertos de sed,
corriendo por un camino estrecho
con sus vallas de espigas rosadas a los lados,
siguiendo en un quinteto
el contrapunto de violas,
subíamos la cuesta.
Descorchabas botellas de vino.
E íbamos cuidando de no matar borregos,
de no despeñarnos a un parpadeo de más.
Ángeles guardianes nos alertaban
justo a tiempo de no incrustarnos en el cerro.
¿Perseguidos por quién corríamos así?
¿Siguiendo a quién?
Detenidos de noche por tropas en busca de guerrillas,
aluzados con linternas,
las armas apuntándonos.
Y tantas mariposas consteladas en los parabrisas.
Ah, tus ofrendas.
Echabas jazmines en el vino.
El vino, inagotable, más rojo bajo el sol.
O bebíamos de noche licores nauseabundos
en burdeles de las afueras.
Celebración incesante,
a costa de tanta vida nuestra,
las caras tan pálidas.
Y la sonrisa inextinguible,
pues en cualquier parte
renacía,

Estrepitoso, Delirante.
Bebíamos mostos de su boca.
Nuestros cuerpos ardían.
Demorar un instante de más nos calcinaba.
¿Y quién podía detenernos?
¿Quién podía detener
esas plantas trepando por el muro?

XIII

Intoxicados,
con la mirada puesta en otra parte,
oh veleidosos,
propiciando los manes de otra estirpe
nos saciamos de belleza.
Ebrios,
oíamos con el cuerpo,
dictábamos modulaciones extrañas,
disonancias.
Una gota caía
filtrada entre la piedra,
honrando al dios desconocido.
Desde allí mirábamos el mundo,
una puerta custodiada por leones,
una torre cónica abierta al infinito,
y la gota que cae,
pulsando nuestros cuerpos,
vibración de sistros.
Un mar girando batido por el fuego.
Veneno azul a mi garganta.
Y la gota horadando la imagen de mi dios,
llenando los sentidos con su música.
Una pausa se abrió
absorbiéndonos de pronto en el silencio.
El mundo se detuvo en el centro de un eje.
Aspas de fuego en torno.
Sólo ascenso,
desnudez.
Diez brazos de tu tronco portando flamas.
Tu frente como sol.
Rayos girando.

Danzas,
y en torno no hay sino cenizas.
Yo misma me vuelvo de ceniza,
danzo, desaparezco.
Y de tu cuerpo prendida,
traspasada,
hueca como una caña,
soy el lecho de un río,
fuerza que se despliega como ala,
un hilo de azogue,
un hálito.
Giramos en lo alto.
Circulación de luz.
No hay aliento.
Volamos en el silencio,
en el vacío abierto.
Estamos dentro del relámpago.

Sri Nityananda Mandir
(El templo de Sri Nityananda)

Sonríe desde su estatua.
En su pecho se reflejan
las llamas de las lámparas
                ondeando en círculos.

Inciensos,
            alcanfor,
y trae la lluvia un olor de jazmín
a la ventana
            custodiada por una cobra de barro.

(Más fragancia en sus manos.)

Los cantos empiezan.
Gorriones dentro del templo,
salamandras que se deslizan por la pared—
y los gorriones quietos
                como escuchando

            Vande jagat káranam

Causa del mundo
dueño del mundo
forma del mundo
                destructor—

Sonríe desde su estatua
y en la ablución nocturna
su cabeza recibe

agua de rosas,
perfumes,
        ríos de leche y miel.

La curva de sus hombros se estremece,
sus ojos miran
y es tibia su piel oscura.
Su cercanía,
        embriaguez.

Hiedra

La tarde se absorbe en tu silencio.

Bandadas de mariposas,
olas que se atropellan:
                            ¿a qué puedo comparar
esto que aflora al corazón?

El verano lo sepulta todo bajo su aura verde.
Y en la frescura de esta hiedra,
en la pureza de ese olor del agua
                            sobre la tierra.
allí te encuentro.
Mis manos no te tocan,
pero te veo en mi pecho.
Como lumbre resplandeces.
Como viña te extiendes,
te enredas
            en cepas invisibles,
te alzas como un zarcillo.
Tu savia asciende,
                lo cubre todo,
circula por mis venas,
va por vasos pequeñísimos
                        de raíces a tallos,
de hojas que se desdoblan
a corolas
            resplandecientes.
Jardines,
        humedad,

familias de caracoles discurren por el cristal
cuando todo se llena
                    de hiedra verde.

Yajña
(Sacrificio ritual)

> Salutaciones a ti, que apareces en el comienzo como el
> germen de oro, y en el tiempo de la disolución bajo la
> forma del fuego que todo lo consume.
> *Himno a Rudra*, Yajur Veda

I

Manjares sagrados
como tu carne misma
                        devoramos.
Y el manjar del sueño,
                cuerpo tuyo,
propiciaba la embriaguez.

Cierta palabra presidía la aparición del fuego,
ciertos cantos.

Otro olor en la tierra.
Otro sabor de especias en la lengua.
Manjares sagrados,
libaciones en honra tuya.

El saludo –victoria– cruza el aire
de la ladera al kiosco,
del templo
al patio donde se lavan grandes ollas de cobre.

Inmensa
        la embriaguez de tu nombre

        Om Kapardiné namahá
        Om Nilakanthaya namahá
        Om Tryambakaya namahá.

El vino

Basta una palabra,
            un giro del deseo
para traer de pronto
            toda esta ebriedad.
Vino que se decanta en gotas lentísimas.
Néctar—
más sutil que el éter
            desciende al corazón
y allí
      el *sortilegio*.

Ebrios de Dios mis ojos.
Ebrias mis manos.

Llenar la copa hasta los bordes, dicen.

Tu rostro en todas partes,
tu mirada embriagada.

Hamsa

III

La noche se aquieta.

> Negros racimos fulguran
> en la memoria
> como astros a punto de estallar.

Afuera la noche.
Coro de ranas entre los campos inundados.

> Las uvas negras se apilaban en racimos;
> insectos pequeñísimos en las jarras de mosto.

De dónde imágenes de vendimia.
Nada ha quedado
de la tarde transcurrida en silencio
bajo una luz difusa
                    viendo a lo lejos
aquel techo tranquilo...

Afuera, entre los ríos,
en las llanuras como espejos rotos
una fiesta de ranas,
cuclillos
de un árbol a otro se responden.

Y en el aire
una quietud creciente

como quietud que anticipa
                    una gran
                    explosión.

Un ave de cristal tiembla en la sombra,
una campana rompe su silencio,
reverbera
en el cerrado espacio
donde se cruzan dos palabras.

Ham
una pausa levísima
                    sah
                    olvido momentáneo
y por ese silencio
se llega
al núcleo vacío del corazón.

Aquí, el vuelo se detiene.

Canto malabar

III
(Fragmento)

Sin cerco, sin playa, sin espuma
al mar sumas la altura de la noche.
Sólo profundidad al horizonte.
Todo de mar el cielo.
Ojo que navega ensanchando sus aguas.
Se incrustan tañidos en el aire.
Gritos de espuma a contramar.
Fraseo inconcluso—
y la noche vuelve todo a sumergirlo.

Ojo de agua   ahógame
Boca de vino   embriágame
Aliento de vida   disuélveme
Forma de fuego   calcíname
Mano de viento   dispérsame
Ola de gozo   aniquílame
Cerco de espuma   sepúltame
Mis cabellos tus ondas.
Mi voz el agua chocando con las rocas.

El silencio es rumor, sirena o caracol.
Todo el mar contenido
en un hueco en mi pecho.
Toco su fondo,
oscuridad sin pausa.
Reposo indistinto de las formas—
Lengua bífida.

Fauces de tigre.
Vuelo vivo de un pájaro.

46

Luz negra devorando los cuerpos.

VI
(Fragmento)

Estamos en cada forma de existencia
palpitando sin rostro,
con los nombres trocados.
Tacto que se deshace en agua,
luz filtrada en la piedra—
Aire agitado por tu ala,
por tu soplo de fuego.
Esto somos:

mirlos que se cortejan inventando tonadas,
lirios que se doblan
al peso de sus propias flores
y mueren henchidos de hermosura—
Olor de sándalo en tu pecho.
Me inclino hacia él y me pierdo del mundo
como la abeja ebria sobre el loto
esperando la noche que lo cierre
para ahogarse en su néctar.

Avidez de tu forma no colmada,
ah cómo sabe embriagar
todo cuanto se enciende en los sentidos,
cuanto perdura aún en la memoria.
Traspasa los hilos del pensamiento.
Lo hace callar
dejando sólo el puro conocer.
Contagio, celebración a ciegas.
Y estas mieles que afloran a la boca.

El diván de Antar

> He pronunciado tu nombre
> y el espejismo ha construido
> toda una ciudad para oírme
> hablar de ti.
> *Cantos de las Oasis del Hóggari*

I

Vibra en su acento el silbo desbocado
cuando se juntan dentro de la bóveda
los aires claros,
los racimos altos.
Y el día da la vuelta
dejando al viento cabalgar sus nubes,
sin perder el hilo
de su encadenamiento silencioso
ni mostrar en qué orilla
tienden vuelo sus altas certidumbres.

Vimos tras las terrazas el valle umbrío.
Y al gusto que dejaba en la garganta el vino azul,
al salmo que corría entre los dientes,
a las violetas que recogían la luz bajo los cedros
en las terrazas apuntando al levante,
sin tiento,
sin memoria,
cedíamos poco a poco
trayendo a nuestros labios
los fermentos dulces.

Saturado del aire,
aromado del agua

ahíto en su lumbre,
soberano su pie tocando tierra,
así saluda el día
desde la cima inaccesible
hasta el rincón secreto.

Oímos filtraciones dentro de la montaña,
eco en las paredes cascando el aire.
El salitre forma filas de guerreros
y sus lanzas verticales en los muros.
Zumo del día,
el agua espejea en los suelos resbaladizos.

Salideros—
huecos adonde huye el pensamiento
antes de dar un nombre
a las criaturas que se gestan
bajo su ala.

IV

Mil caballitos persas se dormían
en la plaza con luna de tu frente.
Federico García Lorca

Velo tu sueño.
Te envuelven mantos transparentes,
rozan apenas tus párpados
cuando el sol ya levanta
columnas de humo en los poblados.
Desde otra estancia
siento en mí tus ojos que se cierran,
tu aliento—
como pasar entre tiestos de jazmines de Arabia,
jazmín tú mismo,
     flor de tu raza.
Como un profeta,
como un danzante ebrio
      giras hasta el amanecer
apuntando al cielo y a la tierra,
y tu cuerpo,
     eje del infinito,
es morada del relámpago.
En mí palpitan tus muchas almas.
Tu voz me invade en ecos cada vez más profundos,
reverbera en las yemas de mis dedos,
en mi pecho se extiende
como ondas circulares en el agua.
Y en esas ondas tu sueño, pues ya duermes.
Tu rostro se vuelve arcilla,
      máscara de la muerte.
Hilos finísimos ligan nuestro aliento.

Al fondo de tu sueño,
en su lecho de arena,
se aquieta la conciencia—
o crea flores y talismanes que te ofrece
mientras tu sueño sigue
ya inmóvil en su fondo,
ya fluyendo a la deriva.
Palabras errantes tocan mi vigilia.
De tu sueño emergen
fugas de gorriones entre los cedros.

X

Desde el portal del año,
desde la cara de Jano
vuelta al rigor de los días por venir,
llegas de nuevo al corazón.
¿Qué contraviene el ceño austero?
¿Tan sólo rozar el pensamiento ingrávido
                              tu imagen?

Los ojos reposan en tu forma,
recorren tu perfil,
tu pelo vivo.
Los ojos reposan en ti y el corazón se aquieta.
Por tu frente,
donde el cristal del día funde su luz,
por tu frente,
alta como la de un príncipe
discurren mis ojos.
Tu pelo como coral negro—
y la mirada envía su mensaje al tacto,
anticipa el aroma,
el gusto de los dientes triturando
                  los caracoles pequeñísimos.
Elude tus ojos la mirada,
elude tu mirada,
abismarse en tus párpados,
el nácar suave donde es mar el ojo—
de su verde olivo
cambia al dorado de la arena.
Tu mirada como el sol del desierto.
La boca ocultas, como un tuareg,
                  bajo el velo negro de tu barba.

Apenas tus labios se dibujan
y todas las mieles que guarda en la memoria
la especie entera de amantes,
todos los vinos,
toda la leche dulce,
las palabras repetidas siglo tras siglo
afloran a mis labios.

Mis pensamientos son a ti
como altas buganvilias abrazadas a un pino.

XVI

La hora ingrávida
entre los pies y el suelo.

Apariciones
llenan el aire de un hálito ligero,
dejan ver el tiempo,
su cabeza bifronte,
la sutura invisible
desde donde miramos el instante:
lo que tarda una lágrima
en ser devorada por la arena—
como si el desierto entero se fuera a humedecer,
a volverse un ámbito muy fresco
para acercarnos con palabras sonoras.

A distancia las torres, las palmeras.
El viento llama a la oración.
Y responde el vuelo de los cuervos
desde el templo hasta las calles del mercado.
Desmesura del sol,
nubes de arena desdibujan la ciudad;
se oyen ladridos,
llega el frescor de sus pozos
                              y sus muros sombreados.

Y temo dar un paso más.
Temo que al avanzar desaparezca.
La contemplo al borde de mis sueños
como a ti,
tú que te desvaneces
en el instante en que te miro.

En ausencia
eres tú mismo este desierto.
«¿Te bastarán mis brazos invisibles?»
Tus brazos, como ráfagas de arena.
Tan fuerte el pensamiento de ti,
te hace tomar figura en este valle.
Eres ahora
esta aridez extenuando los párpados.

Y dentro del espejismo, ¿qué cosa es el desierto?
¿a dónde iremos si esto desaparece?
O sólo somos ya meros espectros,
la voz que orilla al caminante
hacia desfiladeros sin salida,
hacia dunas sin término.

Castillos de arena,
murallas se dibujan sólo por un momento—
pero ese momento de vida se detiene,
se alarga,
como la tarde en que bebíamos licor de dátil.
Gustábamos sabores nuevos,
granadas se abrían en el cuerpo.
Y de tus labios jugos más dulces
que el fruto real de la estación.

Turba de imágenes al asalto.
Ciudad de aire,
donde es más real se desvanece,
se borran sus orillas—
y las voces que seguimos oyendo
                    ¿en dónde cantan?

Eclipse

II

Noche-día,
bajo su velo se agolpan sentimientos,
su sombra se pega en la piel.

                              Sol comido.

*Cuando ocurre la unión de Sol y Luna
se alza con el aliento la serpiente
desde su lecho de tierra
hasta el vacío sin límites.*

Y la penumbra,
como una habitación
de amantes celosos de su abrazo.

Por el silencio se filtran
líneas delgadas de sonido

                    hacia la oscuridad.
Leve chapoteo
en el estanque de peces ciegos.
La misma reverberación bajo la piel.

En la tiniebla se acoplan el amor y el temor.

*Danza en lo alto,
se embriaga,
vuelca una copa
de ambrosía.*

Los bebedores de pulque
(Sobre un fresco de Cholula)

Para Mauricio Sandoval

El cerro se desmorona tras la lluvia.
En mitad del ascenso
brillan dispares sobre el campo
las cúpulas de espejos.
Dos hombres beben debajo de un pirul.
Bebedores de pulque,
como aquellos cuya embriaguez se perpetúa
en los frescos cerrados.
Voces de chirimías,
cantos reverberaron entre esos muros.
Secreto el recinto,
sagrada la bebida,
y el transgresor
que antes sufría el destierro o la muerte
hoy ve perderse simplemente en borrachera
la embriaguez divina,
y lo alcanza la madrugada tiritando
en cualquier sitio.
Hemos pasado por aquí.

Los hombres beben taciturnos bajo el pirul.
La llovizna se enciende entre parcelas nítidas.
Y caen por un plano inclinado nuestras voces,
banales como pedazos de vidrio,
cuando perdemos el gusto de lo divino
y aun a plena luz en la punta del cerro
seguimos andando a ciegas
por los pasillos subterráneos.

Zarzas
(Fragmento final)

Bajo el follaje,
la luna tatuaba zarzas en su pecho.
Su voz, más que la voz del agua me anegaba.
Sus manos, como bronce.
Y más suave su boca, más fresca que la chía.
Más que una urraca oscuro su cabello.
Más que de tigre viva la mirada.
Tibio el vello en su vientre.
Su sexo como pez.
Y las palabras que no dijo
se convirtieron en ráfagas de espuma,
espigas de aire,
un hueco en espiral
por donde fuimos,
seguidos de la noche,
con la noche y el día en cada mano,
por donde fuimos
águila y ciervo y tigre desolado.

Casuarinas

VI

Como la arena cae entre los dedos
sin detenerse
                        allí donde la mente se detiene,
                        donde el cuerpo sigue sus rutas fijas,
giras, vuelas,
te levantas
            como un pensamiento libre.

Insustancial
            como agua que se escapa,
            como arena que se escapa,
                                    viento.
Inasible,
            te muestras,
se dibuja clara tu silueta
        por un instante
                        y borras tus confines.

Tanto te embriaga todo que no sabes
si alguna vez llegaste,
si exististe alguna vez en otra parte
                        —o sólo entre estos muros.

La mente se recobra.
No sabes
si por pensarlas las cosas aparecen
o si al verlas sólo captas su presencia.

Y al volverte de pronto
                    todo se va,
los muros,
las callejuelas blancas,
los viejos deteniéndose a orar.

La única guía segura el corazón.
Allí donde más calor se asienta en sus repliegues,
donde el latido se apresura,
se embarga vivo,
                    sabe quedarse quieto
(como si caminaras sobre brasas sin quemarte,
como si saltaras a un precipicio sin tocar el fondo),
allí brilla apenas perceptible
la hebra como un nervio de luz
                    dando la dirección.

A lo lejos perdidas
                    las montañas,
siluetas de templos,
casuarinas.

X

Un campaneo agudo,
una tromba de luz
te colma, estalla
                    y el vórtice succiona hacia arriba
            lleva el mensaje
                    como un delfín
            da vueltas
                            salta
o corre como un antílope
y el viento lo vuelve águila real
                    —remonta y gana altura.

La memoria abre sus vetas.
                    Resaca ambigua.
Y basta detenerse
para alcanzar la deriva
donde se contiene toda historia,
toda letra,
bajo su especie de eternidad.

Fluyes por un relámpago,
por ríos de luz
                    como altos surtidores
vuelta al mismo tiempo
la corriente y la gota.

Se desplazan oleadas en vilo,
savia
        como ascendiendo por el tallo
                            de una palma real.

Serpentea,
          incendia al paso la corteza.

Como un río,
          como espuma,
como un remanso—
          la blancura.

          Extiende su ebriedad no colmada.

Sadhus en las afueras de Nasik

un rayo fijo los ojos minerales
OCTAVIO PAZ

Todo se llena de tu risa,
               filo de grana.

Me vuelvo,
deteniendo la mirada
en formas que se congregan y disipan.
La impronta que asalta los sueños
sigue roja y negra
                en la cresta del fuego.

Estoy en donde nada es mío,
donde nada me llama.
Tierra de nadie
                donde me detengo.
Ni yo me pertenzco—

                como el último de los ebrios
sentados alrededor de una lumbre.

Allí, perdida la lucidez
igual que el cielo se despoja de luz,
se hunden en su deleite
       —oh, ansiosos de repartirse
       entre las cosas–,
dejan de ser,
                se vuelven
la piel de la noche,
el brillo desquiciado de ojos que se ríen
                y miran ya sin ver.

63

Y una tonada
despierta tantos ecos:

> *Bajo tu sombra vivo.*
> *Esta tiniebla ardiente eres Tú,*
> *este pasaje seco eres Tú.*
> *Tú eres esta piedra que me hiere.*

Khajurao

La tarde se alarga en los senderos.
De las palmeras bajan los loros en un grito,
recogen entre la hierba frutas brillantes.
Sin sombra resguardados,
                              vemos los templos.

Luz sobre los torsos de los dioses—
se inclinan y ondulan bajo la tarde ebria.
Y una larga reflexión sobre esos cuerpos
entrevistos en el sueño
y su abrazo como un fuego inmaterial.

Vuelve el aire más delgadas sus vestiduras.
Apenas un holán resalta en el muslo.
Las formas se dibujan tras de las sedas.
Los dioses se revelan tras de los cuerpos.
Ven desde sus altos nichos
caer la tarde, el día levantarse.
Nada irrumpe en su gozo,
ni si las nubes se tiñen de azafrán
o los pájaros
con su vuelo escarlata
                              dejan sus nidos.

Las diosas se miran al espejo,
se desnudan,
se quitan una espina del pie.
Diosas rosadas,
persiguen
un vuelo que se enciende tras la oreja,
una avispa en el labio.

Acaecer continuo,
                    pulso inmóvil,
tensión extrema en la cuerda del arco—

        Sólo me escucharás donde nada se oiga,
        ni agua en las orillas
        ni viento en la maleza,
                    ni siquiera esta voz.

El vuelo se detiene,
se expande,
lo abarca todo—

        Esto oirás dentro de ti.
        Sin voz me oirás dentro de ti
        decirte:
                eres eternamente libre.

Mis manos se aferran a tu cuello.
Mis labios reciben de tu aliento
                    la ofrenda de lo divino.

Oh Bháirava,
de tu vino bebí,
comí tus viandas,
y lámparas de reflejos violáceos
                    brillaron en mi cuerpo.
Oh, Maha-Bháirava,
destrozaste mi tiempo.
Tu hacha hendió los mundos.
No hay antes ni después.
Sólo el ahora,
tu danza loca,
tu grito.

Benares

3

Oh Shiva, Mahakala,
he seguido tus huellas.
Busqué tu rostro en los templos y los ríos,
en lugares ocultos
donde dejaba flores sobre tu imagen.
Te busqué en la piedra que surge de la tierra,
por calles cubiertas de estiércol.
Y vi que eras tú quien me seguía.
Mahakala,
se marcan tus huellas en mis manos,
tus uñas trazan líneas en mi cara,
tu aliento vuelve mi cabello gris.
Oh mi amor, devoras mi carne poco a poco.
Mahakala, me fundirás contigo
en tu abrazo de fuego,
mi cráneo será la copa donde bebas.

Reflejo en una esfera

Desde su centro
la esfera de una lámpara
                    invierte las formas,
        punto de fuga:
se comban los bordes metálicos,
el contorno de la ventana,
el árbol de la rosa morada
                    resbalan hacia el vacío.

Noche acumulada en las paredes.
Sin mediar palabras,
hundidos de golpe en esos cálices—
        zumos de hierba
                    en la abrasión oscura,
        clima intemperado.

Oh largos besos,
mano que recorre el muslo
                    como una playa,
el rizo en la ingle—
                    (oh cuerpo del verano).
        Y detenidos en esa floración
                    como insectos
        los pensamientos.

Al alba el lugar desconocido,
                    flores moradas.
La lámpara quiebra sus reflejos
como afuera el sol ya se refracta
                    sobre las superficies.

Los objetos pasan como un río:
voces que piden ser oídas,
formas deseosas de ser vistas
                    irrumpen en la mente.

Intocada en lo que la desborda,
la conciencia es un espejo:
                    filo de escama,
aspa que roza un ala en movimiento.

Ellos se dejan
sin volver la vista atrás,
sin preguntarse sus nombres.
Y la zona de nadie,
el entrecielo recorrido en el delirio
          inexistente ahora,
ya poblado del tráfago innoble
                    de la calle.

Sol de barro

El agua brilla en las baldosas.
Las palmas rozan el muro,
                        arrullan,
como el pichón que llama entre los nísperos.
Las cuencas vacías,
la boca vacía
                de un sol de barro
vibran junto a las palmas.

Cabe y no cabe el mundo.
Los pichones desaparecen
                        entre las tejas rotas.
Las columnas alrededor del patio
        —relente de savia viva,
        de menta machacada—
son y no son

                (así, el corazón amarillo de las palmas,
                sus racimos,
                        como senos de Diana en Éfeso)

desaparecen
                estando allí.

Sentada contra el muro
mira en la distancia los huizaches
                                color de humo.
        Todo se absorbe en un punto
                como ombligo.

Lo lejos y lo cerca
                son y no son.

Más vieja que la que barre
        –víbora–
                        los caminos,
deshabita sus sueños,
desaprende
                hacia lo negro.

Mira el desierto
en el muro agrietado y el mezcal.
El revés del día
                la succiona hacia sí—
        un dardo en el pecho,
          una basura al ojo,

y en el ojo se mete la porción de nada,
las cuencas vacías del sol de barro,
                        su boca vacía
                        su aire negro.

Un insecto se corta el ala inútil
bajo el filo movedizo de las palmas.
Abalorios ruedan y se pierden
                        en la boca del sol.

Sombra

Guarida,
         rueda quebrada.
Miran la misma estancia
                    detrás de los otoños vanos.
A la sombra del tiempo
atrapan figuraciones momentáneas
                        como peces.

Those were the days,
my friends...

Al fondo, una pintura
cancela en letra muerta
                    el movimiento,
fija el salto
         de un gato que se alarga
en diagonales negras.

Rasguños,
cosas que dejaron marchitarse
                        mientras la mente
perseguía sus fantasmas,
más vivos que lo real.

Aquella sombra envolviéndolos
bajo sus capas de humo,
dando respuestas
         a lo que no se preguntaba—
no habrían de volver al mismo río...

...forever
and a day

Las notas eran más altas,
las voces más vibrantes.
Todo era fácil
            como un gesto acostumbrado.
Obedientes hacia la sombra escurridiza
                        —¿sombra de qué?

cercándolos,
                inabarcable, ignota, tibia.
Separó con filos de tijera
los racimos de esa vendimia intemporal.
Espesura de aquellos rostros ebrios,
con sus savias
            a flor de piel.

Las memorias encienden
                    sus fuegos fatuos:
el verano agotando
                los últimos atardeceres
en un brillo perdido,
en los holanes de una falda al vuelo.

Verde fulguración—
la vida germina sus semillas
                        indiferente
bajo un túnel o al borde de un barranco.

Las piedras

2

Caben todos los siglos
entre esa mañana
          y la noche apenas
en que la ciudad aparecía
como un principio de los tiempos.

El límite transgredido ve ahora el otro lado—
van subiendo los ruidos,
                    la nube de smog,
y se pierde el punto de fuga en la Plaza de los Héroes,
en la mesera a la puerta como una cariátide,
o en la luna ática y redonda
cruzando los techos entre ángulos de antenas
                         y planos verticales.

A la pregunta ¿por qué aquí?
se adelanta en respuesta el zumbido de un taladro.
Y a la mente llega la visitación del poeta—
Veo entredormida la media luna de su turbante,
cuando el rumor
me hace volver de las bóvedas del sueño,
y un olor de anís y de tabacos húmedos
me envuelve.
Y la luna del corazón,
apenas un filo
bajo el círculo de sombra—
presencia no presente.

El sueño al que despierto se despoja
de las formas que le he dado en el tiempo;
ningún color en la retina,
                    nada ya lo dibuja.
Traspasa la piel y se disuelve.

¿Qué detiene a la mente en el umbral?
—se pregunta la mente misma ante su icono.

Las olas

3

Verdor de ojos.
Copulación de insectos bajo el techo de caña.
El tejido de las sillas se marca en las piernas,
la huella de los labios en la copa.

Sales en la punta de la lengua,
en los giros del habla—

      ¿Cómo medir
      ese polvo de luz en el crepúsculo
      fingiendo mármoles rosados
            sobre el peñasco

Sales en la piel del litoral—

      mármoles rosados
            sobre el peñasco gris?

Ah mentirosas,
      metáforas,
aleaciones fugaces
del ojo deseante
      y la belleza inasible.

La tarde se embriaga
      en un verdor ilimitado,
exacerba en un extremo del verano
         sus oxígenos.

Brillos se erizan entre el silencio

                        y sus pausas:

palabras ensartadas
en un hilo sutil de pensamiento.
Sueño del no saber.

Y en la doble ignorancia,
en el sustrato impenetrable
el horizonte resbala por los ojos.

7

Vinos festivos frente al mar.
Ningún mar tan azul,
ninguna otra imagen
                    tan perfecta.

¿Basta como argumento la belleza?

El sol desciende por la puerta de Apolo,
y entre los bloques de mármol
escogemos pequeños guijarros,
                    como instantes preciosos.

Las olas repiten lo mismo
que murmuras en mi oreja.
Y ese pájaro,
                    aleta o ala,
                        vuela como voz,
                    alcanza lo más alto
                            y se sostiene en un trémolo—
para bajar de súbito
                glissando.

Mar dorado
            cuanto más cerca del crepúsculo,
            cuanto más descienden las otras luces,
                            las oscuras.

Los pedazos de pan
que lanza un viejo al agua
desaparecen en la boca de los peces—
dejan círculos que brillan todavía
                    bajo la luz poniente.

Lanza luego un señuelo.
El castillo,
              color oro,
se vuelve una mancha melancólica.
Pero el pez que da con el señuelo
                              no lo muerde.
Así sean los instantes de los que hemos bebido:
que eludan,
              lúdicos, su muerte.

El sol se va.
La bahía se llena de un temblor felino.

Márangas
              —sílabas que resuenan
cuando el agua avanza como una nutria blanca
                              entre las rocas
y se escabulle.

Un mascarón de proa atraviesa finos tegumentos,
brilla por un instante.
Márangas.

Tan lleno de voces ese mar.
Tan cargado de sueños el navío.

8

Bajo las pérgolas
                    un claroscuro deleitoso.
Las glicinas caen sobre el mantel
y vemos a las abejas visitarlas;
dejamos al corazón azucararse,
a la lengua abundar en tiernos diminutivos
mientras miramos el crepúsculo
                            sobre el vinoso mar.
Brillo de ola,
de hojas de vid
                en tus cabellos.

Recorremos las calles
desde una risa que invade
                        la brisa de la noche.
Por una estrella errante
el cielo recompone sus mapas.
Siempre perseguido,
el Cazador se aleja del cenit
                    a contemplar a la ninfa fugaz.
Y toda la desventura de quien sabe su muerte
no basta para atenuar ese esplendor.

La inflexión de la ola
                    rasga el entresueño lúbrico.
Y en la pura finitud
la marea nos disuelve en lentos movimientos,
                                giros de artrópodos.
Modula sus frases aleatorias
en carne viva,

traspasa al ras su propio grito
                              como oleaje
convulso
                    como mar.
Inasible
                ondulación de rayas,
mantos extiende sobre la superficie.

Ecos no inteligibles
                        y en sus huecos
la espuma de tu nombre.

Veo desenroscarse tu pelo en la almohada
y lo que te conduce desde el sueño
                              para llegar al día,
las escalas que bajas –o subes– en ese parpadeo,
tu brazo que se extiende suelto,
no los sepulta la marea entre sus capas.

Las cigarras

5

Huellas de medusas en la piel,
como si cada cigarra
                        punzara con una horquilla
o legiones de hormigas dejaran rastros quemantes
                                            de su paso.

Cielos pálidos al transcurrir el verano.
Y toda esa luz,
                    esa blancura de tálamo,
esas terrazas por donde entra la noche
en un filo plateado,
                        rasgueo inaudible,
siguen allí,
cuando hemos recorrido
la cresta de la nueva luna
                    en un extremo del corazón.
Y el mar—
toma al crepúsculo
el color de nuestros vinos dorados.

Los odres están vacíos.
El vino muerde ahora la sien,
trastorna
                las travesías;
lo que nos dimos y no nos dimos
brilla
            bajo un sol que se aleja.

Ningún mar tan azul,
ninguna luz
        tan blanca,
aunque ese esplendor
ya llevara consigo
        la caricia de lo oscuro.

Ditirambos

6

Vestido del abismo,
desprendes de tu paso
                        al ser nombrado
tu brillo más oscuro.
Ebrio,
                más que ese fondo,
Terso,
        más que la noche en que me envuelves.
Oh Tenebroso,
                        oh Tremendo,
allí te escondes.
Cuando despiertas nada queda.

Y yo estoy entre mi sueño
                            y tu despertar.
Voy de mi aliento a tu párpado,
estoy en juego
                —como las cosas otras
            que aniquilas
                        cuando abres los ojos.

Cántaros

1

Cántaro,
un borbotón sube y derrama
el vino plácido,
brilla
mientras nos cerca la penumbra.

La noche de tu boca
frasea hilillos de luz,
se pega a un son que recomienza.

Cántaro,
voz de agua viva,
reverbero.

Tu mirada persiste
desde su sesgo húmedo.
Tu boca se entreabre,
y el silencio que emite
cubre más que la sombra.

6

El vino se atropella
en la boca del cántaro.

Huecos en la noche,
entre un plantío de palmas
                    y una campana urgente.

La luna enciende blancas geometrías,
brilla su plata en los rincones,
                    danza en lo oscuro:

    dedos de luz sobre tu hombro
              —o flechas que nos dispara el dios
                          nocturno.

A cántaros
                néctar
entre la lengua
y el oro vivo tras los párpados.

Canciones del Egeo

1. Amorgós

Para Leonora y Pere

La tarde brilla en el vino
y en el mantel mojado

en palabras que sabemos
y no decimos

en el canto ambulante
y las cuerdas que rasga

en el jardín del templo
y la boda que empieza

en el sol que se acuesta
con el agua

4

Como las aceitunas
tus ojos
            negros

y en cada gota de vino
tu beso
entero

6. *Langada*

Para Nikos Vasalos

Pasa un rayo de sol
por la copa de vino
y danza en la hoja
           donde escribo

Traza notas que van
y vienen
         y se detienen
giros que van y vuelven
            y se devuelven—

igual que sobre el mar
una gaviota
pequeño acento blanco
en la página viva

donde ola tras ola
escriben también
         y borran
la antigua historia

Las islas

3

Se pierde el horizonte tras la bruma.
El contorno de las islas bien puede ser una figuración
imaginaria, o densidad de hidrógeno o algo inexistente,

una mínima concentración en los tonos pizarra de la tarde
—peso apenas distinto de lo que cifra la mente en esas islas.

Luz cambiante bajo las pérgolas, uvas pequeñísimas brotan
como minutos en el racimo de los días,

o glicinas moradas caen sobre las páginas del libro, palabras
que se disecan,

		mirada que se pierde en su inmovilidad, en su
deseo de asirse a una referencia central,

aunque de pronto confunda una boya en la rada con el dorso
de un delfín, o el sol que cae a plomo con el fuego del alma.

6

Un violincito desafinado fue y vino para abrir la tarde,
mientras el viento agitaba los manteles.

El monte era visible en el lomo de un gato. Entre los pasos de
Stéphanos por la terraza,
la quena se oía trayendo de golpe los Andes a las faldas de
Hágia Triáda—

Adentro, repisas con fotografías de los muertos, prestancia
desteñida entre los sepias,
velas eléctricas alumbrando entre flores los largos mostachos,
el sable y el fusil.

Los borregos bordean el farallón, y pintado de blanco, brilla
ahora en alto el refugio contra los invasores.

Ah, danza de luces filtradas entre la viña y las glicinas, los
racimos de flores violetas ya secándose, las uvas creciendo con el
día.

La presencia

7

La luz parpadea en las bóvedas blancas,
                              imágenes de lo divino.
Los amantes beben uno del otro.

La noche huye, y algo más fuerte arrebata la mente, trayendo
al sueño su sangre duradera.

El sol dibuja en el suelo el deshilado de las cortinas. Muros
azules de tan blancos.

Los ánimos se entremezclan, la mirada se empaña.

Las almas se escapan en el vino, contando apenas un relato
brevísimo en su revoloteo.

Bomarzo

6

Los dedos sabían a limón.
El tequila era azul, dijeron,
no por el agave
sino por su barril de encino.
Dos perros dormían bajo el sol casi poniente,
y el tequila tomaba el color de los montes,
del lago bajo el cielo oscurecido
anunciando con relámpagos
una lluvia que no llegó.

Abajo brillaba apenas la lancha.
Se desprendían murciélagos
de una casa abandonada.
Isla de la muerte llamaban
al islote de pájaros:
de lejos, se dibujaba un cráneo
sobre el peñasco blanquecino.

En el lago interior, casi ya seco,
dentro de un breve perímetro
se hacinaban los peces.
Habríamos de perecer, sin duda,
también nosotros;
pero sus muertes cómo nos dolían.
En vano intentábamos
escuchar la voz
de ese lago a punto de secarse.

En el filo de lo oscuro
niños jugaban en un traspatio con sus cabras,
se oían radios.
Apenas visible la bajada entre las piedras.
La noche nos sorprendió
como esas jóvenes Parcas,
que en un susurro cruzaron el atrio
tembloroso
entre las casuarinas.

Al desprendernos de la orilla
el lanchón se atoraba entre los tules
y espadañas que se mecían
cruzando armas, como en un lance.
Inventar una salida desde allí.
La pértiga empujaba
hundiéndose tramo a tramo
en la maraña de tallos y raíces
no distintos
de nuestro propio fondo.

15

La noche se abrió
desde las fauces del Orco.
En Bomarzo las habríamos atravesado,
como cruzamos en Malinalco
las fauces de la serpiente.

Frente al mismo acertijo
las palabras daban tumbos, erraban
en busca de su propia oscuridad.
Había en sus vuelos asimétricos
un designio que eludía a la razón,
plantada como un espantapájaros
en mitad de su campo.

Todavía de noche
y los gallos empezaron por turnos
a trapasar el aire delgadísimo.
Y la extrañeza recobraba en sucesión
los eventos que nos llevaron a amanecer
en un lugar con gallos.
Había una incógnita,
algo que se perdía—
como a mitad de un pasaje de Scriabin.
Dejamos resbalar la incertidumbre.
Al final quedaríamos con un lienzo vacío
o sólo espuma —*aphros.*
La fría espuma de Kalithea.

¿Quién eras tú,
en esa noche que no acababa de pasar,
quién me miraba por esos ojos opacos

que un dardo fulgurante
traspasaba de pronto?

Lo que vimos
descolgando sus amarras de las vigas celestes
se había deslizado a una corriente oculta.
Y plantados allí,
en un escenario de Ocaso de los Dioses,
saludamos al sol que despuntaba
llevando al límite su iridiscencia
sobre los bancos de coral.
Saturación de paisaje puntillista
devolviéndonos a un mar de fertilidad.
(Pero tus ojos se hundían en un reflejo oscuro,
como de mar del norte—
nunca visible en lo profundo.)

La mente alcanzaba sus riscos imposibles
al término de esa noche en vela,
con la embriaguez pulsando todavía
en el pecho y las sienes.
Y un repertorio de posibles vidas,
como si fueran propias,
se hacía presente sorteando sin rigor
los aluviones de preguntas.

¿Éramos nosotros
esas serpientes vistas en mi sueño,
acopladas,
decapitadas después
por una hoz de Saturno?

Muralla

El viento no dejará de soplar, hacinando al pie de la muralla o en
la esquina de las terrazas las hojas secas de los fresnos; no dejará
de amontonarlas,
                 como fotografías que el calor o la humedad
han pegado entre sí:

         franjas de vacío se alternan con la figura en sepia, apenas
         reconocible en una playa o una fiesta escolar—
                                                    niños
         disfrazados de caracoles enmarcan, pecho a tierra, a las
         niñas vestidas de flores y libélulas, con las alas ajadas en el
         papel; todos habrán muerto hace ya tánto.

El viento sopla, se descompone agudo en las rendijas; entra
frutal a la terraza.
         Y la tarde acumula en la retina indistinguibles
rostros, instantes destejidos por el mismo aire—

                              la terraza intramuros en el
         verano azul de Rodas.

Brotan plantas en las troneras del fuerte, las palmeras
sobrepasan las murallas

         por donde acaso han errado las almas de los muchachos
         muertos en los asedios.

Trepan ahora azaleas por el foso. La vida estalla por doquier al
filo de la noche—
         cuando cruzan las puertas en sus motos, como
jóvenes héroes, otros muchachos.

A qué se aferran, noctívagos,
            abejas ebrias en la nervadura de la música—

Bello, como Diomedes, con la crin cayendo a la espalda,
sonríe bajo las viñas que se despliegan en el friso.

Viento frutal. Entrevera los mundos, sortea las salidas cuando
clarea ya y los insectos que han llevado la noche sobre su nota
monocorde
            callan.

Midsommer

3

Emerge una canción
en la terraza del bar.
Inmigrantes aglutinados
en la barra del fondo.
Incisiva,
felina,
la mirada
deja una marca en carne viva,
rotura la tarde
con sus lastres anónimos.

Galaxidi

1

Las cosas aparecen distintas
bajo este augurio.
Cielos radiantes u ominosos
no son los mismos que dejamos pasar,
no es la misma
la taberna en el jardín
ni el vino que agotamos
bajo la jacaranda desmenuzando
en nuestra mesa
sus hojas mínimas.
Aquel presente
es una marca de agua borrándose
en la piel.

3

Se va borrando
como el relieve en el muro
ese rincón cercado casi,
expuesto sólo a los gorriones,
que es ahora un sitio concurrido.

Desde el fondo del día
caíamos
al brío insomne de los vinos.

Atrás, audible apenas,
la canción llorosa.
Días que no se adivinaban
en ese otoño que venció bajo sus lluvias
la opacidad del año.

Asfódelos

10

Cuando caía el verano en los portones
y el sol alternaba en el muro
el destello de un ala
con el brillo de la cal
y se asentaba en la boca el sabor del vino

cuando el verano detenía el aire
en las ramas de la higuera
y daba alas al estremecimiento
de las frondas y un repiqueteo
en la espalda hacía eco
del grito agudo de las golondrinas

cuando se alzaban voces varoniles
adhiriéndose a los muros
mientras la flauta imitaba
las peripecias de la hiedra en el balcón
y se tendía al horizonte
el incesante indecible
fulgor

ah, esos brillos abiertos
llenaban mirada y corazón

cuando el verano tocaba
en los confines de la calle Fanouríou
altos en los dinteles
esos portaestandartes y su estela de óxido

cuando secaba el musgo en la piedra caliza
y daba apenas un respiro
al aire cayendo como cortina densa

esos murmullos
lentas reiteraciones del corazón
no presintieron
en el instante vuelto ya
sólo fulgor
la muerte que llegaba

Xaniá

El vino no se agota
bajo el exceso de la bunganvilia.
Lejos, olas incontenibles
brillan en la bahía.
Ah, premura del dios
penetrando estos desbordamientos.
Sentidos vulnerables
ante una gota del vino de su substancia.

Las palabras se vuelven
                    oleaje múltiple,
se filtran más allá de la piel
hasta ese rumbo ebrio
donde el mar
            el mar recomienza
                        sus odas.

Instante

Para Irinda y Paul-Henri Giraud

Sosteniendo en el instante
lo rojo entre las hojas del almendro,
lo verde oscuro del mar al pie del risco;
sosteniendo en el instante
lo sensitivo
en la cabeza de la lagartija
que sube y baja por el tronco del almendro,
y en las antenas suntuosas
de ese insecto multicolor
que vuela del almendro a la palmera;
sosteniendo en el instante
el estruendo de la ola en los peñascos,
sosteniéndolo todo en este instante perfecto,
se extienden a lo alto de la tarde
la hiedra,
la fragancia,
la embriaguez.

Taberna

2

Insinuado en las cuerdas
entra y sale de la danza
                el fraseo esquivo.

Ah, ebrios,
cayendo a todo lo largo de la noche
sobre el piso de la taberna,
cuando alcanzan las cuerdas
                su giro más cerrado.

Llameante entre espinas,
                corazón.

Destello entrevisto.
Va tras del giro la mirada, el oído
                tras la onda fugitiva.

La muerte de Lúcidor

Para Peter Curman

En una cafetería con tu nombre
un mal retrato hablado
no dibuja las aristas de tu alma.
Lúcidor, entrando por la puerta equivocada,
sin hallar oído para tu voz
ni ojo para tu gesto;
siempre entre dos aguas,
rompiendo el límite imposible.
Lúcidor, tu retrato de rufián
habla sólo del deambular demente
o tus pleitos de taberna,
pero no de las aristas de tu alma.
Loco estarías, Lúcidor
si no te hundiera en duelo
tu poesía rota—
más que tu vida
o el duelo a muerte que perdiste.

Baco

1

Una oscura nube eres,
un espejo cerrando el paso.

Un zarcillo inconforme
o pelaje de bestias cautelosas
devanando la sombra.

Un eco inextinguible.

3

Los amantes devorados por sus pasos
descienden
a la raíz omnívora.
Ah, densidad de alas.
Beber de ese vino,
beber enteras las sílabas,
mientras invade
un fulgor impenetrable.

6

Tu nombre es una ráfaga,
viento en los olivares,
cierzo en la nuca.

Tu nombre es una espada,
lengua flamígera—
                    quema los labios
si tocan el doble juego de sus sílabas.

Tu nombre es un relámpago,
doblega la mirada—
                    vuelta sobre sí misma
sigue la danza ebria de sus letras.

Un zureo es tu nombre
                    —y el roce de su ala
hiere el pecho de frío y de deseo

7

Brilla una esfera
irreal
sobre la piel.
Alborozo
como si contuviera toda vida
esa mínima gota.

La dafne se curva
hasta tocar los geranios
encendidos.
Y entre vocablos abiertos,
el estallido de la risa.

Shiva

Del completo silencio
                    te desprendes
 y el cascabel de tu ajorca
tintinea
se vuelve un sonido sin fondo—
resonancia que levanta en marejadas
                              tu viva fuerza
Oh mar tranquilo
donde ninguna nave se aventura
donde el cielo contempla
                          su perfecto reflejo—
Oh mar de pronto fracturado
de pronto alzado en olas
de pronto hundido
                desde el vacío primero,
generando de sí
                    –ebrio de altura–
impregnando de sí
                      –vértigo puro
toda suerte de ser

Índice*

---

*   Siguiendo el criterio de la *Poesía completa (1964-2012)*, publicada por el Fondo de Cultura Económica (2012), las fechas de los libros incluidos en esta antología se refieren a la composición de los libros, y no a sus primeras ediciones.

** Este poema no se incluyó en la edición de 2008: aparece en *Poesía completa (1964-2012)*